percussion music repertoires

AKIRA NISHIMURA

PRELUDE TO NATARAJA
for Marimba and Piano

西村 朗

ナタラージャへの前奏曲
マリンバとピアノのための

zen-on music

Prelude to Nataraja

God of Hinduism Siva dances dynamically as a king of dancer; Nataraja. This music is consisted by quasi-tala (a rhythm cycle) such as 8-7-6-5-2-8-7-6-5-3. I composed this music from an image of "Dances each other" for a marimba and a piano. For the latter half, there are instructions of improvisation to a marimba.

Akira NISHIMURA

ナタラージャへの前奏曲

ヒンズー教の神シヴァは、舞踊王ナタラージャとなってダイナミックに踊る。曲は、8-7-6-5-2-8-7-6-5-3という疑似ターラ（リズム周期）で構成されている。マリンバとピアノによる「対舞」というイメージで作曲した。後半で、マリンバに即興演奏の指示がある。

西村　朗

Commissioned by Hiroyuki Iwaki
The world premiere : June 30, 2004
　　　　　　　　Hamarikyu Asahi Hall (Tokyo)
　　　　　　　　Kyoko Kato (Marimba) and Kaori Nakajima (Piano)
Duration :approximately 5 minutes

委嘱：岩城宏之
初演：2004年6月30日「岩城宏之とその仲間たち」打楽器コンサート
　　　浜離宮朝日ホール（東京）
　　　加藤恭子（マリンバ）、中嶋香（ピアノ）
演奏所要時間：約5分

PRELUDE TO NATARAJA

for Marimba and Piano

Akira NISHIMURA

4

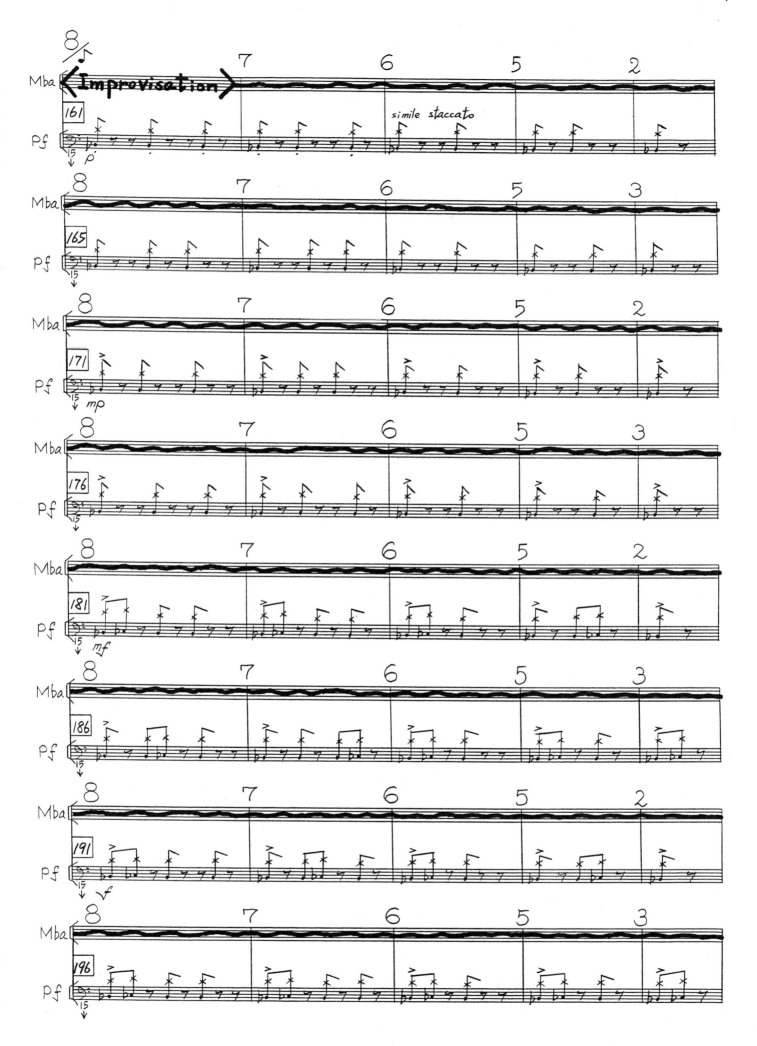

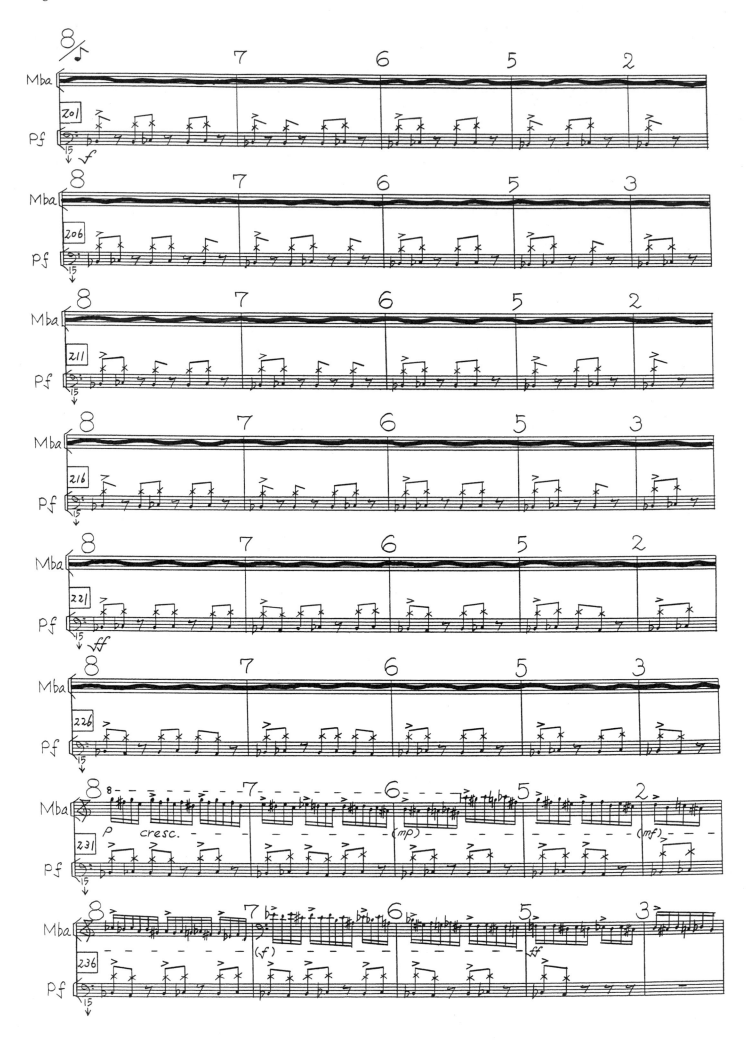

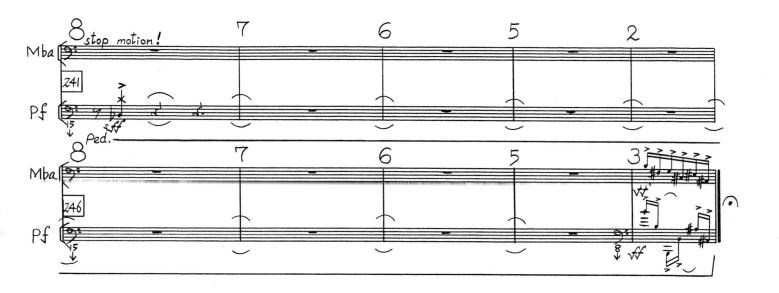

西村 朗：ナタラージャへの前奏曲　　●

作曲————————————————西村 朗

第1版第1刷発行————————————2006年 9月20日

発行————————————————株式会社全音楽譜出版社

　　　————————————————東京都新宿区上落合2丁目13番3号 〒161-0034

　　　————————————————TEL・営業部 03・3227-6270

　　　————————————————　　　 出版部 03・3227-6280

　　　————————————————URL http://www.zen-on.co.jp/

　　　————————————————ISBN4-11-550232-0

06090107